Thèse

POUR LA LICENCE.

L'Acte public sur les matières ci-après sera soutenu,

le jeudi 6 juillet 1854, à neuf heures,

Par CHARLES-GERMAIN-ALPHÉE FERREY, né à Saint-Laurent (Jura).

Président : M. ORTOLAN, Professeur.

Suffragants :
MM. DE PORTETS,
BUGNET,
MACHELARD,
FERRY,

Professeurs.

Suppléant

Le Candidat répondra en outre aux questions qui lui seront faites sur les autres matières de l'enseignement.

PARIS.

VINCHON, FILS ET SUCCESSEUR DE Mme Ve BALLARD,
Imprimeur de la Faculté de Droit,
RUE J.-J. ROUSSEAU, 8.

—

1854.

A MA FAMILLE.

JUS ROMANUM.

AD SENATUSCONSULTUM TREBELLIANUM.

Legis Duodecim Tabularum hæc verba : *Uti legassit, suæ rei ita jus esto ;* sed latissima potestas coangusta fuit, vel interpretatione legum, vel auctoritate jura constituentium.

Postremis enim reipublicæ temporibus, Italia civibus et fisco nummis egente, plurimæ leges, inter quas Voconia, Ælia-Sentia, Junia Norbana, Julia et Papia-Poppæa, latæ sunt, quibus multæ personæ sicuti feminæ, proscripti, latini juniani, dedititii, cœlibes, orbi, ad hereditatem capiendam non admittebantur. Et antea peregrini, cum quibus testamenti factio non erat, hereditatem jam non capere poterant.

Inde fideicommissorum origo.

Fideicommissum est quod, non civilibus verbis, sed precative relinquitur; nec ex rigore juris civilis proficiscitur, sed ex voluntate datur relinquentis.

Fideicommissa ergo primis temporibus preces erant quibus heres a defuncto ex asse hereditatem aut partem hereditatis aut singulas res restituere rogabatur. Nullo itaque continebantur vinculo juris, sed tantum pudore eorum qui rogabantur.

Sic, cum personæ heredes scribi non poterant, tunc civem quocum testamenti factionem testator habebat, heredem instituebat, et ille rogabatur hereditatem aditam his restituere.

Raro quidem primis temporibus, paulatim frequentius edita fuerunt fideicommissa.

Sed plures, qui hereditatem aditam restituere rogabantur, fidem defuncti non servabant. Et nullo modo hi, quibus erat restituenda hereditas, heredes cogere poterant ; quippe inutilia erant omnia fideicommissa, ut pote juri civili contraria : nemo enim cogebatur restituere id de quo tantum rogatus erat.

Ideo divus Augustus, insigni quorumdam perfidia, vel gratia personarum motus, jussit consulibus semel iterumque auctoritatem suam interponere. Postea, quia hoc justum videbatur et populare erat, in assiduam jurisdictionem conversum est ; et creatus est ad hoc prætor quem fideicommissarium appellabant, qui de fideicommissis extra ordinem cognosceret.

Sic, prætoris auctoritate interveniente, fiduciarius hereditatem aditam restituere cogebatur.

Jure civili is qui restituerat nihilominus permanebat heres et ei et in eum defuncti actiones transibant. Stipulatione igitur inter fideicommissarium et heredem intervenire solebant et emptio venditio fingebatur. Heres nummo uno hereditatem fideicommissario vendebat, et ille promittebat sese ab omni persecutione heredem indemnem præstare, ac vice sua ab herede stipulabatur ut iste, omne quod ex rebus hereditariis recuperaret, sibi restitueret ; imoque procuratorem se constitueret, ut nomina hereditaria persequeretur.

Ut supra videmus, interposita prætoris auctoritate, fideicommissarius tuebatur ; sed nimis exiguum hoc beneficium mox visum est, nec fideicommissarii jus a perfidia fiduciarii tectum erat. Quippe iste nullum commodum inveniens, imo sæpe metu incommodi motus, adire hereditatem nolebat quam restituere in integrum cogendus esset : denique, quia fiduciarii aditio erat necessaria ut testamentum non evanesceret, et firmaretur fideicommissum, timendum erat ne ab intestato herede pecuniam acciperet, ut sibi testamento delatam repudiaret hereditatem.

Quas ob causas, temporibus Néronis, VIII calendas septembres, Annæo-Seneca et Trebellio–Maximo consulibus, Trebellianum S. C. intervenit, quo cautum est ut actiones quæ in heredem heredibusque dari solent, eas neque in eos neque his dari qui fidei suæ commissum, sicuti rogati essent, restituissent ; sed his et in eos quibus ex testamento fideicommissum restitutum fuisset.

Sic factum est, ut fierent inutiles venditio imaginaria et mutuæ stipulationes quas retulimus, et earum cessarent incommoda. Senatusconsulto igitur magis confirmatæ sunt supremæ defunctorum voluntates ; quippe, ut diximus, defunctorum voluntates sæpius antea evanescebant cum testamento, herede qui fideicommisso erat gravatus nolente adire hereditatem nisi indemnitas ei præstaretur.

Ex hoc senatusconsulto prætor utiles actiones ei et in eum qui recipiebat hereditatem quasi heredi et in heredem dare cœpit.

Directæ autem actiones heredi et in heredem ipso jure semper competebant. Sed, in his actionibus, reus vel actor heres exceptione restitutæ hereditatis adjuvabatur vel summovebatur.

Quamvis, post restitutam hereditatem fideicommissario et in fideicommissarium ex Trebelliano transirent omnes hereditariæ actiones, heredes sæpe adire nolebant quia nullum aut minimum lucrum apud eos remanebat, et sic evertebatur defuncti voluntas. Plerumque igitur heres recusabat hereditatem, et ob id evanescebat fideicommissum. Quare latum est, temporibus Vespasiani, Pegaso et Pusione consulibus, senatusconsultum Pegasianum quo, ut adeundam hereditatem invitarentur heredes, lex Falcidia quæ circa legata obtinebat ad fideicommissa porrecta est; et heredi quartam quam ex legatis deducebat et ex fideicommissis quoque deducere permissum est.

Itaque, retenta ab herede quarta et ex Pegasiano S. C. restituta hereditate, commoda et incommoda hereditatis communicabantur inter heredem et fideicommissarium, interpositis stipulationibus ad exemplum partis et pro parte stipulationum.

Constat senatusconsultum Pegasianum, cujus non habemus verba, de solo herede scripto locutum fuisse, sed ad legitimum quoque inductum est divi Pii rescripto.

In quartam hereditatis quam per legem Falcidiam heres habere debet, imputantur res quas jure hereditario capit, non quas jure legati vel fideicommissi accipit. Observandum est testatorem, jure Pandectarum, hanc prohibere quartam non posse; sed, ut ait Marcianus, fideicommissarius a principe plerumque impetrabat ut hæc confirmaretur voluntas testatoris, et ita Trajanus, Adrianus et Antoninus rescripserunt.

Quamvis heredi quarta relicta sit, aut eam retinendi beneficio Pegasiani S. C. licentiam habeat, fieri tamen potest, ob varias causas, ut hereditatem adire nolit. Quem casum senatusconsulti secundum caput tractat, quo cavetur ut fideicommissarius possit cogere heredem adire hereditatem. Sed æquum est nullum damnum heredem sentire; ideo, si heres damnosam hereditatem dicat, cogetur a prætore adire et restituere totam, ita ut ei et in eum qui recipit hereditatem actiones dentur perinde atque si ex Trebelliano S. C. restituta fuisset.

Generaliter dicendum est ita demum quem non posse cogi adire et restituere hereditatem, si de re vel quantitate fuerit rogatus. Cæterum si de universitate sensisse testatorem appareat, nulla quæstio est quin, si suspectam dicat, possit adire cogi, et ex Trebelliano transeant actiones.

Quomodo autem duo S. C. ante Justinianum concurrebant breviter dicendum est.

Si quis non ultra dodrantem restituere rogatus erat, tunc ex solo S. C. Trebelliano hereditas erat restituenda, et in utrumque actiones hereditariæ pro rata parte dabuntur : in heredem quidem jure civili, in eum vero qui recipiebat ex senatusconsulto Trebelliano, tanquam in heredem.

Si quis plus quam dodrantem vel etiam totam hereditatem restituere rogaretur, tres in hoc casu species poterant occurrere.

Si heres coactus adiret, transibant ex Trebelliano actiones nec quartam heres retinebat.

Si sponte adiisset, universa onera hereditaria sustinebat, si quidem quartam retinere vellet ; ideoque inter eum et fideicommissarium stipulationes partis et pro parte interponebantur.

Sed si sponte adiisset et plenam testatoris fidem vellet servare, quarta non retenta, dubitant jurisconsulti quomodo fieret restitutio. Gaius quidem, amoto Trebelliano, ad exemplum emptæ et venditæ hereditatis, stipulationes interponendas putabat ; sed, auctore Paulo, magis erat ut heres ex Trebelliano restituere deberet. Quam sententiam sequi videtur Modestinus ; suadet tamen ut potius suspectam dicat hereditatem coactusque a prætore restituat : tunc enim nullum est dubium quin actiones ex Trebelliano transeant.

Ante Justiniani tempora simul valebant, ut jam diximus, duo senatusconsulta. Sed, cum multæ ex eorum concursu ambages originem ceperant, Justinianus utrumque in unum convertit. Non amplius ergo quærendum est quando ex Trebelliano, quandove ex Pegasiano hæreditas restituitur ; nam Justiniani temporibus semper ex Trebelliano fideicommissa restituuntur, sive habeat heres ex voluntate testatoris quartam, sive plus, sive minus ; pro rata portione actionibus tam in heredem quam in fideicommissarium competentibus.

Sic evanuerunt omnia incommoda, et inutiles demum factæ sunt stipulationes quas jamdudum captiosas Papinianus dixerat.

Nunc denique quas varias vices sustinuerit fideicommissarius videre licet. Ante senatusconsultum Trebellianum loco emptoris, inter senatusconsultum Trebellianum et senatusconsultum Pegasianum, loco heredis fuit, a senatusconsulto Pegasiano usque ad Justiniani tempora, modo emptoris, modo legatarii partiarii, modo heredis, vices sustinuit. Post vero Justinianum semper heredis obtinet locum.

DROIT FRANÇAIS.

DES SUBSTITUTIONS.

Les premiers mots que je rencontre en traitant cette matière sont ceux-ci : *Les substitutions sont abolies*. De quelles dispositions le législateur veut-il parler ?

Les Romains reconnaissaient trois sortes de substitutions : *vulgaire*, *pupillaire* et *quasi-pupillaire*. Mais ce n'est point des dispositions comprises sous ces noms qu'il est question ici. En effet, la substitution vulgaire, l'art. 898 l'autorise formellement. Et quant aux substitutions pupillaire et quasi-pupillaire, conséquence de la puissance paternelle à Rome, elles sont complétement étrangères à notre droit. D'ailleurs, le législateur les proscrit par l'art. 895, où il pose en principe que le testateur ne peut disposer que de ses biens ; et, ainsi, la disposition de l'art. 896 eût été inutile.

Le législateur s'occupe ici des dispositions fidéicommissaires qui du droit romain passèrent dans notre droit ancien, sous le nom de *substitutions fidéicommissaires*, et qui, par abréviation de langage, finirent par s'appeler simplement *substitutions*.

Cette institution, qui avait pris naissance à Rome pour atté-
nuer la rigueur de certaines lois, a été établie chez nous dans
un autre but. Un grand intérêt aristocratique s'y rattachait. En
changeant l'ordre légal des successions, les substitutions ser-
vaient à maintenir dans les familles aristocratiques des biens
destinés à en perpétuer la grandeur. La noblesse, maîtresse de
la richesse territoriale, la seule qui existait alors, conservait
ainsi toute sa puissance et son éclat.

La royauté, faible dans l'origine, dans la lutte qu'elle soutint
pendant six siècles contre la féodalité, dut nécessairement at-
taquer cette institution qui était un des plus puissants éléments
de la force de sa rivale.

C'est dans ce but que furent rendues diverses ordonnances,
dont les plus célèbres sont celles de 1560 et 1747, qui soumirent
les substitutions à certaines restrictions et en réglèrent l'exer-
cice.

Mais, dès que la royauté victorieuse n'eut plus à redouter la
féodalité, elle eut bien garde de détruire totalement cette institution. Là où elle avait trouvé des ennemis, désormais elle
trouvait des soutiens.

Mais aussi où s'arrêtait l'œuvre du nivellement de la royauté
commençait celle du tiers-état. La révolution de 1789, en intro-
duisant dans notre législation un principe nouveau, *l'égalité
civile*, devait nécessairement anéantir tous les droits contraires.
Aussi les substitutions furent-elles abolies par un décret de la
Convention du 18 novembre 1792.

Cette institution, d'ailleurs, présentait d'autres graves inconvénients qui tôt ou tard devaient la faire disparaître.

En effet, elle mettait une grande quantité de biens en dehors
de la circulation et du commerce;

Elle trompait les créanciers du grevé qui ne pouvaient s'assurer si les biens qu'ils voyaient entre les mains de leur débiteur, étaient réellement une propriété exempte de toute charge;

Elle était une source intarissable de procès;

Elle était immorale, parce qu'elle tenait dans un état misérable tous les membres d'une même famille, pour donner à un seul l'éclat du rang et de la fortune, et qu'elle substituait dans le cœur du père l'orgueil du nom à l'amour paternel.

Lors de la rédaction du Code, en 1803, le législateur ne crut pas devoir reproduire dans toute son intégrité le principe posé par le décret du 18 novembre 1792 : il permit de faire des substitutions aux pères et mères, en faveur de leurs petits-enfants; et aux frères et sœurs sans descendants en faveur des descendants de leurs frères et sœurs.

A cette première exception, trois années plus tard, le législateur en ajouta une seconde en créant les majorats.

Enfin, après la restauration, une nouvelle exception fut créée par la loi du 17 mai 1826.

Ces deux dernières exceptions, résultat des tendances aristocratiques de l'époque, devaient disparaître devant les idées nouvelles qu'amenèrent les révolutions de 1830 et de 1848 : Une loi, du 10 mai 1835, interdit à l'avenir l'institution des majorats, et restreint ceux qui ont été fondés sur des biens particuliers; enfin une loi, du 7 mai 1849, relative aux majorats et aux substitutions, va, en ce qui concerne les majorats, encore plus loin que la loi de 1835, et, en ce qui concerne les substitutions, abolit la loi du 17 mai 1826.

J'ai donc à m'occuper des substitutions prohibées et des substitutions permises, et enfin des majorats et des lois des 17 mai 1826, 10 mai 1835 et 7 mai 1849.

DES SUBSTITUTIONS PROHIBÉES.

La substitution est une disposition par laquelle en gratifiant quelqu'un, on le charge de conserver la chose donnée et de la rendre, lors de son décès, à un tiers que l'on gratifie en second ordre.

La loi prohibe ces dispositions. J'ai fait connaître les motifs de cette prohibition, je ne les rappellerai pas.

Le Code annule la disposition en son entier : en cela il est allé plus loin que le législateur de 1792. C'est une exception au principe de l'art. 900, où il est dit que dans toute disposition entre vifs ou testamentaire, les conditions impossibles, celles qui sont contraires aux lois et aux mœurs, sont réputées non écrites.

Cette exception s'explique facilement. Le législateur a craint que le grevé ne se fît un cas de conscience de conserver plus que le défunt n'avait voulu lui attribuer, et qu'alors les biens n'allassent à l'appelé, contrairement au vœu de la loi.

En présence de la sanction rigoureuse de la loi qui annule et la disposition au profit du grevé et la disposition au profit du substitué, il est important de connaître les caractères qui permettront de distinguer les substitutions des autres dispositions à titre gratuit.

Ces caractères sont ceux-ci :

1° Obligation juridique pour le grevé,
2° .... de conserver et rendre,
3° .... à sa mort.

Premier caractère : obligation juridique pour le grevé (de conserver et de rendre à sa mort).

Cette charge doit être formellement imposée, ou bien elle doit résulter d'une manière évidente des termes de la disposition. Les termes énonciatifs, précaires, les termes de désir, n'emporteront point substitution.

On sait qu'il en était autrement à Rome : le fidéicommis conçu avec ces termes : *cupio des, desidero ut des, scio restiturum,* était

tout aussi valable qu'avec le terme de commandement : *jubeo.*
C'est qu'à Rome, les substitutions étaient permises, qu'elles
étaient accueillies avec faveur, ainsi que tout ce qui pouvait
donner effet à la volonté du testateur. C'est qu'enfin le testateur
était censé n'avoir rien écrit d'inutile. Mais, chez nous, où les
substitutions sont prohibées, ce principe est détruit par cet autre
que nous fournit le droit romain lui-même : dans le doute le
testateur n'est pas censé avoir voulu faire ce que la loi lui interdit, et, à plus forte raison, ce qui entraînerait la disposition principale : *ut res de qua agitur potius valeat quam pereat* (1157).

Ainsi se trouvent abolies les substitutions conjecturales que
l'ordonnance de 1747 avait déjà prohibées : car le législateur
n'a certainement pas voulu, en prohibant les substitutions,
qu'on pût les induire par conjecture, par interprétation du droit
romain, pour les anéantir aussitôt.

Je le répète donc, il faut que la charge soit formellement imposée ou qu'elle soit une conséquence évidente des termes de
la disposition. Et si ces termes sont susceptibles de deux inter-
prétations, l'une d'après laquelle on arrive à une disposition
prohibée, et l'autre d'après laquelle la disposition sera permise,
il faudra préférer cette dernière.

Deuxième caractère : .... De conserver et rendre.

C'est-à-dire qu'il faut que la disposition renferme deux donations des mêmes biens au profit de deux personnes appelées à
les recueillir l'une après l'autre, de telle sorte que la propriété
de ces biens doive reposer successivement sur la tête de l'une
et de l'autre de ces personnes, et que le droit de celle qui a été
gratifiée en second ordre venant à s'ouvrir, elle ne soit censée
le tenir du disposant qu'indirectement et par l'entremise du
gratifié en premier ordre.

D'où il résulte que la disposition d'une chose à la charge d'en
rendre une autre ; que la libéralité à la charge de rendre qui

aurait pour objet des choses fongibles, ne constituent pas une substitution.

Un droit d'usufruit ne saurait non plus faire la matière d'une substitution. En effet, le droit d'usufruit est un droit personnel, intransmissible, c'est-à-dire qu'il s'éteint par la mort de l'usufruitier et ne passe point à ses héritiers (art. 617). Or, comment concevoir la possibilité que le légataire du premier usufruit soit chargé de conserver et de rendre, lorsqu'à son décès il perd tous ses droits à son usufruit et en est dépouillé ? Comment concevoir que ce premier usufruit soit rendu par l'effet d'une substitution, puisqu'il s'éteint par la mort de l'usufruitier ?

Troisième caractère : . . . . A sa mort.

C'est-à-dire qu'il faut, pour qu'une disposition soit regardée comme une substitution prohibée, que la charge de rendre imposée au donataire, légataire gratifié en premier ordre, et par suite le droit du donataire ou légataire gratifié en second ordre, soient subordonnés à la condition suspensive de la survie de l'appelé au grevé et de sa capacité au décès de ce dernier. En un mot, le grevé est propriétaire sous condition résolutoire, et le substitué propriétaire sous condition suspensive, et la condition suspensive pour l'un, résolutoire pour l'autre, est celle-ci : *Si l'appelé survit au grevé.*

Ce troisième caractère ne ressort pas des termes de l'art. 896 ; mais il résulte clairement de la comparaison de cet article avec les art. 897 et 1048. Ces deux articles, en effet, sont une exception à l'art. 896, et ils se réfèrent à des dispositions où il y a pour le grevé charge de conserver jusqu'à *sa mort.* Or, il n'y a de véritable exception à une prohibition qu'autant que les actes prohibés, en règle générale, présentent les mêmes caractères intrinsèques que ceux en faveur desquels l'exception est établie.

Vouloir interpréter autrement l'art. 896 serait aussi le

mettre en contradiction avec les art. 1040 et 1121 : les legs sous condition soit suspensive, soit résolutoire, se trouveraient ainsi prohibés.

Tels sont les caractères qui permettront de reconnaître les substitutions des autres dispositions à titre gratuit.

Avant de terminer cette matière, j'ai à dire quelques mots sur l'étendue de la prohibition de l'art. 896. Quelques auteurs, s'appuyant sur le deuxième alinéa de cet article, où il n'est parlé que du légataire, du donataire et de l'héritier institué, ont prétendu que la charge de conserver et de rendre imposée à l'héritier ab intestat ne constitue pas une substitution prohibée.

Je repousse cette doctrine. Dans le premier alinéa de l'article 896, le législateur s'occupe des substitutions d'une manière générale. Dans le second alinéa, au contraire, il ne s'occupe que de la disposition principale, de celle faite au profit du grevé : et s'il ne déclare pas nulle cette disposition quand le grevé est l'héritier légitime, c'est qu'il n'y aurait aucun intérêt à retirer à l'héritier, en vertu du testament, un bien que la loi lui attribuerait aussitôt. D'ailleurs, tous les inconvénients résultant de la charge de conserver et de rendre résultent aussi bien quand cette charge est imposée à un héritier ab intestat, que lorsqu'elle est imposée à un donataire ou légataire.

DES SUBSTITUTIONS PERMISES.

Le législateur, en créant les dispositions permises par les art. 1048 et 1049, qui sont de véritables substitutions et par conséquent des exceptions à l'art. 896, a eu pour but d'offrir à un chef de famille les moyens d'empêcher que ses petits-enfants ou ses neveux ne se vissent un jour privés de toute fortune par suite de l'impéritie ou de la mauvaise conduite de leurs père et mère.

Pour disposer à charge de rendre., il faut être père ou mère, frère ou sœur du grevé, et il faut de plus que le frère ou la sœur meure sans enfants. L'art. 1049 ne distingue pas entre les enfants nés avant ou depuis la disposition, il n'exige pour la validité de la libéralité que le décès du donateur sans enfants; mais il n'y a aucun motif pour penser que le législateur ait voulu déroger à l'art. 960. La substitution révoquée, comme toute autre donation, par la survenance d'enfants, ne revivrait pas par suite de la mort de ces enfants avant leur père donateur.

Le grevé ne peut être chargé de rendre qu'à tous ses enfants nés ou à naître au premier degré seulement. — Ces mots de l'art. 1048 : « Enfants nés ou à naître au premier *degré* seulement, » ont été interprétés diversement : les uns veulent qu'il s'agisse du degré de fait; les autres du degré de parenté. C'est à cette dernière opinion que je m'arrête. En effet, lorsque le législateur emploie le mot *degré*, il entend parler d'une *génération*; c'est ce qui résulte de l'art. 735; et ce qui prouve que dans les art. 1048 et 1049 il l'a employé dans ce sens, c'est que dans l'art. 1051, qui s'y réfère, il l'a employé comme synonyme de génération.

Je n'admettrais par conséquent point comme valable la substitution par laquelle un père aurait chargé son fils, dont les enfants seraient tous prédécédés en laissant eux-mêmes des enfants, de restituer à ces derniers.

Toutefois, quoique le disposant ne puisse étendre sa prévoyance au delà des enfants de son fils ou de son frère, le législateur, contrairement à l'ordonnance de 1747, n'a pas voulu que les petits-enfants, en cas de prédécès de leur père, lorsque d'autres enfants du grevé existaient lors de l'ouverture de la substitution, fussent privés du bénéfice de cette substitution : il les appelle par représentation (1051).

Sous l'empire de l'ordonnance de 1747, les substitutions de

meubles étaient nulles, quand le disposant n'en avait pas expressément ordonné la vente, parce que ces substitutions, peu profitables, répondaient mal au but aristocratique de cette institution ; il n'en est plus de même dans notre législation : les meubles et les immeubles corporels ou incorporels peuvent faire l'objet d'une substitution ; mais la substitution ne peut porter que sur les biens disponibles.

Les substitutions peuvent être faites, soit par acte entre vifs, soit par acte testamentaire, et elles prennent la nature de l'acte qui leur donne naissance.

Le donateur, en vertu de l'art. 1052, peut imposer après coup la charge de restitution ; mais il ne peut imposer cette charge qu'au moyen d'une nouvelle libéralité, soit entre vifs, soit testamentaire. Le donataire après avoir accepté, est irrévocablement lié ; il ne lui est plus permis de renoncer à la seconde disposition faite à son profit, pour s'en tenir à la première, quand même il offrirait de rendre les biens compris dans la seconde.—Remarquons que la charge de rendre les biens qui ne sont point compris dans la seconde libéralité n'étant qu'une condition de cette dernière, n'a d'effet que du jour de l'acceptation par le gratifié, et, par conséquent, que les droits acquis par des tiers jusqu'à l'acceptation ne peuvent être attaqués.

Le grevé est propriétaire, et non pas seulement usufruitier, comme semble l'indiquer l'art. 1053 ; seulement il n'est pas propriétaire irrévocable : ses droits de propriété s'éteignent par l'événement qui met les appelés à sa place.

Du principe que le grevé est propriétaire, il résulte :

1° Qu'il peut aliéner, hypothéquer ; mais il ne peut transférer plus de droits qu'il n'en a, et les aliénations, les concessions de droits réels qu'il aura consenties, s'évanouiront, si la condition résolutoire de son droit vient à s'accomplir ;

2° Que toutes les actions passives et actives qui concernent les biens substitués résident en sa personne. Dans ce cas, les jugements rendus en sa faveur profiteront aux substitués ; mais je ne pense pas que ceux rendus contre lui leur soient opposables, à moins que le tuteur n'ait été mis en cause ;

3° Que la prescription court et s'accomplit au profit du grevé ou contre lui avant l'ouverture de la substitution. Ainsi, les appelés profiteront de la prescription qui aura couru au profit du grevé ; mais celle qui aura couru contre lui leur sera-t-elle opposable ? Je pense que oui. En effet, les substitués restent sous l'empire de l'art. 2251, car il n'existe pas de disposition qui les range au nombre des personnes contre lesquelles la prescription ne court pas. D'ailleurs, ils ne sont pas dans l'impossibilité d'interrompre la prescription : ils peuvent faire des actes conservatoires de leur droit conditionnel (1180). Peu importe aussi que le droit des appelés soit conditionnel, l'art. 2257 n'a trait qu'à la prescription libératoire. Il est bien vrai que les créances conditionnelles ne sont point sujettes à prescription, mais il n'en est pas de même de la propriété conditionnelle.

J'ai dit que si la substitution venait à s'ouvrir, toutes les charges et hypothèques créées du chef du grevé s'évanouiraient ; toutefois, cette règle souffre plusieurs exceptions. Ainsi, les appelés qui accepteraient purement et simplement la succession du grevé, seraient obligés de respecter les aliénations qu'il aurait faites. Puis la femme du grevé conserve l'hypothèque qu'elle a acquise pour la garantie de sa dot sur les biens constitués. Mais il faut remarquer que cette hypothèque légale n'a lieu qu'autant que le disposant l'a expressément ordonné ; que ce n'est que subsidiairement et en cas d'insuffisance des autres biens du grevé ; et, enfin, qu'elle n'est accordée que pour garantir le capital de la créance dotale seulement.

Le grevé n'étant propriétaire que sous condition résolutoire,

ses obligations ne sont guère plus étendues que celles d'un usufruitier. Il doit apporter à la conservation des biens tous les
soins d'un bon père de famille, faire les réparations d'entre-
tien et les grosses réparations; mais ces dernières ne tombe-
ront point à sa charge personnelle : l'importance des biens sera
diminuée d'autant.

Le droit des appelés, tant que la substitution n'est pas ou-
verte, se borne à une simple espérance; ils n'ont sur les biens
grevés qu'un droit éventuel intransmissible, mais ce droit, on
ne peut le leur enlever sans leur consentement.

Quelques auteurs, se basant sur l'article 1121, ont prétendu
que le donateur, de concert avec le donataire, pouvait dégager
celui-ci de l'obligation de rendre, tant que le substitué n'avait
pas formellement accepté. Je repousse cette doctrine. Je dis
que les appelés sont dispensés de l'acceptation, et que l'acceptation du grevé suffit pour que les appelés aient sur les biens
un droit qu'on ne peut leur enlever sans leur consentement.
C'est ce qui était admis sous l'empire de l'ordonnance de 1747,
et rien ne prouve que le législateur ait voulu déroger à ce principe, qui est de la nature des substitutions. C'est ce qui résulte
d'ailleurs des termes des art. 1048 et 1049, où le législateur
autorise les substitutions en faveur des enfants *à naître*, au
nom desquels personne ne pourrait accepter.

De ce que les appelés ont sur les biens grevés une espérance
qu'on ne peut leur enlever, il résulte qu'ils ont droit de faire,
soit par eux, soit par leur tuteur, tous les actes conservatoires.

De l'ouverture des substitutions. — La cause naturelle de l'ouverture des substitutions est la mort naturelle ou civile du
grevé; c'est, en effet, sous la condition de ce décès, que sont
nécessairement faites les substitutions; mais il existe d'autres
causes : de là la disposition de l'art. 1053 ainsi conçu : « Les
droits des appelés seront ouverts à l'époque où par *quelque*

cause que ce soit, la jouissance de l'enfant, du frère ou de la sœur cessera. »

Une des causes d'ouverture est la répudiation que ferait le grevé de la disposition à charge de rendre. — Il importe ici de distinguer si la disposition est une donation entre vifs ou une donation testamentaire. Si c'est une donation entre vifs, le donataire en la répudiant, empêche le contrat de naître, et par suite, la substitution n'existe pas, les appelés n'acquièrent aucun droit. Si c'est une donation testamentaire, la répudiation faite par le légataire ne nuira pas aux appelés. Le testateur a eu évidemment l'intention de préférer les appelés à ses héritiers, dans le cas où le grevé ne recueillerait pas. La substitution s'ouvre donc par la répudiation du légataire.

Le droit des appelés s'ouvre encore par l'abandon anticipé que le grevé fait de sa *jouissance* en leur faveur (1053). — Remarquons que le mot jouissance a été employé dans l'article 1053 comme synonyme du mot propriété. C'est l'abandon de la propriété et non de la jouissance qui peut donner ouverture à la substitution. En effet, l'abandon que le grevé ferait de la jouissance ne l'empêcherait pas d'être propriétaire, et de conserver un droit éventuel à la propriété définitive des biens. Par l'abandon dont il s'agit, le grevé fait remise de son droit avant le temps où la condition de la restitution doit arriver, et peu importe alors que la condition vienne à défaillir, il ne peut répéter les biens qu'il a abandonnés.

Cet abandon ne doit point nuire aux créanciers du grevé antérieurs à cet abandon. Ils pourront exercer sur les biens substitués les mêmes droits et actions que s'il n'avait pas eu lieu, et jusqu'au moment où la substitution s'ouvrira. (L'art. 1053 reproduit ici une disposition de l'ordonnance de 1747.) Cela a lieu même pour les créanciers chirographaires dont les créances ont date certaine. Mais, remarquons que ce n'est qu'en cas d'insuffisance des autres biens du grevé, que les créanciers pourront exercer ce recours. En cas d'insuffisance, ils pourront se payer sur les revenus des biens abandonnés, et si les appelés venaient à mourir avant le grevé, ils pourraient se payer sur la nue propriété de ces mêmes biens.

Cet abandon ne nuira pas non plus à ceux qui ont acquis des biens substitués du grevé; ils ne pourront être évincés qu'à dater du moment où la substitution aurait dû s'ouvrir.

Quant aux appelés qui n'existaient pas lors de l'abandon, leurs droits restent intacts; lors de la mort du grevé ils prendront leurs parts entre les mains des appelés auxquels l'abandon a été fait. En effet, le grevé et les appelés vivants n'ont pas pu, par une convention faite entre eux, anéantir le droit éventuel des appelés à naître. Mais cette ouverture, qui n'est que provisoire en ce qui concerne les appelés à naître, est définitive en ce qui concerne le grevé et les appelés vivants.

Le droit des appelés serait encore ouvert si, au moment de la mort du disposant, le grevé venait à être déclaré indigne. La révocation pour cause d'ingratitude et pour inexécution des conditions produirait le même effet.

Il en serait de même dans le cas de prédécès et d'incapacité des légataires grevés. Pothier nous enseigne à cet égard qu'on tenait pour principe que les substitutions testamentaires ne pouvaient jamais recevoir d'atteinte par suite du prédécès du grevé.

La négligence que mettrait le grevé à faire nommer un tuteur dans le mois à compter du jour du décès du disposant, est encore une cause d'ouverture de la substitution (article 1057). — Quelques auteurs voient dans ces mots de l'article 1057 : « *le droit pourra être ouvert* » la faculté pour le juge de faire ou non cette déclaration. Chose que je n'admets pas, et voici pourquoi : La première phrase de l'article contient une disposition impérative pour le juge, il devra prononcer la déchéance ; la seconde, au contraire, détermine les personnes qui peuvent s'adresser à la justice, à l'effet de faire prononcer la déchéance du grevé.

Le grevé peut-il être déchu pour abus de jouissance? Je dis non. — On m'objectera que l'usufruitier, article 618, est déchu pour ce motif, et que si le grevé est déchu pour une simple négligence, en vertu de l'article 1057, il doit l'être à plus forte raison pour abus de jouissance. — Mais il faut observer que le grevé n'est pas seulement usufruitier : il est propriétaire, non pas, il est vrai, irrévocable, mais il peut le devenir ; et il est même possible que les appelés n'aient jamais de droits échus à faire valoir. Dans cette incertitude on ne peut déclarer contre le grevé le droit des appelés ouvert, sans prononcer, au détriment du grevé, une expropriation qu'aucune loi n'autorise. D'ailleurs, l'art. 618 renferme une peine et les peines ne s'étendent point par analogie ; il faut un texte formel pour pouvoir les infliger. — Dans le cas d'abus de jouissance, le tuteur devra prendre les précautions nécessaires pour que les appelés n'en souffrent point ; il pourra demander des dommages-intérêts pour le passé, et pour l'avenir exiger une caution ou prendre telles mesures conservatoires qu'il jugera convenable.

La déclaration d'absence donnera aussi provisoirement ouverture à la substitution ; à moins toutefois que le grevé ne soit marié sous le régime de la communauté, et que son conjoint présent n'ait opté pour la continuation de la communauté. Quant aux droits et obligations des appelés, comme envoyés en possession provisoire, ils sont régis par les principes généraux.

Causes d'extinction des substitutions. — La défaillance des conditions apposées à la substitution en est une cause d'extinction. C'est ce qui aurait lieu, par exemple, si les appelés décédaient avant l'époque de l'ouverture, ou bien si un frère, une sœur, après avoir disposé à charge de rendre, venait à décéder laissant des enfants.

Une autre cause d'extinction serait la révocation que ferait le disposant de la libéralité à charge de rendre, en supposant que cette libéralité fût renfermée dans un testament, car les substitutions par donations entre vifs sont irrévocables.

La charge de rendre s'éteint aussi par la perte de la chose comprise dans la disposition, pourvu que cette perte ne soit pas arrivée par la faute du grevé.

Enfin, elle s'éteindrait aussi par la renonciation des appelés, puisque chacun est libre de refuser une libéralité qui lui est faite.

Règles de formes et d'exécution des substitutions. — Les substitutions donnent lieu à diverses mesures dont les unes tendent à assurer la conservation des droits des appelés, les autres à prévenir contre toute surprise les tiers qui peuvent traiter avec le grevé.

Les mesures prescrites dans l'intérêt des appelés sont :

1° La nomination d'un tuteur chargé de faire, sous sa responsabilité (1073), toutes les diligences pour que la charge de restitution soit fidèlement acquittée. Cette nomination est faite par le disposant (1055), et à défaut par un conseil de famille (1056), composé comme celui qui serait convoqué s'il s'agissait de nommer un tuteur ordinaire aux appelés ;

2° L'inventaire des biens qui font l'objet de la substitution (1058-1061) ;

3° La vente du mobilier corporel (1062-1064) ;

4° L'emploi des deniers (1065-1068) : si le disposant n'a pas déterminé le mode d'emploi, il sera fait en achats d'immeubles ou en placements avec priviléges sur des immeubles au moyen de la subrogation.

Afin de préserver les tiers des risques qu'ils pourraient courir en traitant avec le grevé, le législateur a exigé la publicité de la charge de rendre. De là l'art. 1069 qui impose au grevé et au tuteur à la substitution l'obligation de porter à la connaissance de tous les dispositions par actes entre vifs ou testamentairés à charge de restitution, savoir : quant aux immeubles, par la transcription des actes sur le registre du bureau des hypothèques du lieu de la situation ; et, quant aux sommes colloquées avec priviléges sur des immeubles, par l'inscription sur les biens affectés aux priviléges.

On doit ne pas confondre cette transcription avec la transcription que l'art. 939 exige pour les donations immobilières : celle-ci a pour but d'avertir les tiers que le donateur a cessé d'être propriétaire ; celle-là leur indique que le gratifié en premier ordre n'est point propriétaire irrévocable des biens objets de la libéralité.

Les art. 939 et suivants n'exigent point de transcriptions pour les legs ; ici la charge de restituer imposée à un légataire doit être transcrite aussi bien que si elle eût été imposée à un donataire.

En matière ordinaire, la transcription n'a trait qu'aux donations immobilières ; dans la matière qui nous occupe il faudra aussi rendre publique, mais par l'inscription, la charge qui grève les capitaux placés sur privilége.

La distinction est surtout importante quand il s'agit d'une seconde libéralité reportant la charge de rendre sur une donation antérieure : il faudrait, pour les biens grevés après coup, faire mention de la transcription de cette nouvelle disposition en marge de la transcription déjà faite de la première donation.

Les tiers qui traitent avec le disposant n'ont aucun intérêt à connaître la substitution ; ce qu'il leur importe de savoir, c'est que le disposant a cessé d'être propriétaire de la chose donnée ; mais il n'en est pas de même des ayants cause du grevé : il est important pour eux qu'ils sachent que la personne avec laquelle ils traitent ne peut leur transmettre que des droits résolubles.

D'où il suit que les ayants cause du disposant peuvent opposer au grevé le défaut de publicité de la donation, mais, qu'ils ne peuvent opposer aux appelés le défaut de publicité de la substitution : que ce droit n'appartient qu'aux ayants cause du grevé.— C'est la théorie de Pothier, et je ne sache pas que le Code ait voulu y déroger.

L'article 1070 règle les droits des ayants cause du grevé, et l'article 1072 ceux des ayants cause du disposant.

En vertu de l'article 1070 les créanciers, *hypothécaires* ou *chirographaires*, la loi ne distingue pas, et les tiers acquéreurs, c'est-à-dire les acquéreurs à titre onéreux, pourront opposer au grevé le défaut de transcription.

Les héritiers légitimes du grevé ou ses légataires universels ne sauraient se prévaloir du défaut de transcription ; car ils ont succédé à l'obligation personnelle du grevé de restituer les biens compris dans la substitution.

Aux termes de l'article 1072, les donataires, les légataires, ni même les héritiers légitimes du disposant, ni pareillement leurs donataires, légataires ou héritiers, ne peuvent en aucun cas opposer aux appelés le défaut de transcription ou inscription.— La loi suppose que la donation a été publiée comme donation, mais non comme substitution. Dans ce cas les ayants cause du disposant ont été avertis de la libéralité ; dès lors il leur importe peu que cette libéralité soit grevée de substitution.

Cette disposition était inutile : les rédacteurs du Code l'ont copiée dans l'ordonnance de 1747, où elle avait été insérée afin de prévenir toute confusion entre la publicité de la donation et la publicité de la substitution.

Ainsi ne peuvent se prévaloir du défaut de transcription de la substitution que les tiers qui ont acquis à titre onéreux du chef du grevé les biens substitués ; et les créanciers du grevé.

Remarquons que ce droit leur appartient quand bien même

ils auraient connaissance de la substitution par d'autres voies que la transcription : le législateur a voulu couper court aux procès que cette question aurait soulevés (1071).

Remarquons aussi que ce droit leur appartient alors même que les appelés sont mineurs et interdits et que le recours qu'ils auraient à exercer contre leurs tuteurs ne pourrait exister à cause de l'insolvabilité de ces derniers.

Loi du 17 mai 1826.

La loi du 17 mai 1826, conçue dans un but aristocratique, a modifié le Code en ce qui concerne les personnes qui dans les substitutions peuvent disposer et recevoir.

Voici les termes de cette loi :

« Les biens dont il est permis de disposer, aux termes des articles 913 à 916 du Code civil, pourront être donnés par actes entre vifs ou testamentaires avec charge de les rendre à un ou plusieurs enfants du donataire nés ou à naître jusqu'au deuxième degré inclusivement. »

Des termes de cette loi il résulte :

Que le disposant peut être une autre personne que le père ou la mère, que le frère ou la sœur du grevé ;

Que la charge de rendre peut être établie en faveur d'un ou de plusieurs enfants du grevé nés ou à naître, au lieu de tous les enfants nés ou à naître ;

Enfin, que la substitution peut comprendre deux restitutions au lieu d'une.—Et remarquons que les deux degrés dont parle la loi doivent s'entendre du degré de substitution et non du degré de parenté.

On pouvait considérer dès lors l'article 896 comme inutile.

Cette loi n'est plus en vigueur, elle a été abolie par la loi du 7 mai 1849, dont voici les articles relatifs aux substitutions :

« **Art. 8.** La loi du 17 mai 1826 sur les substitutions est abrogée.

» **Art. 9.** Les substitutions déjà établies sont maintenues au profit de tous les appelés nés ou conçus lors de la promulgation de la présente loi. — Lorsqu'une substitution sera recueillie par un ou plusieurs des appelés dont il vient d'être parlé, elle profitera à tous les autres appelés du même degré ou à leurs représentants, quelle que soit l'époque où leur existence aura commencé. »

Comme on le voit, la loi du 7 mai 1849 ne se contente pas d'interdire pour l'avenir les substitutions créées en vertu de la loi du 17 mai 1826 ; elle anéantit celles déjà existantes lorsque les appelés ne sont pas encore conçus. Mais s'il existe des appelés elle leur conserve leurs droits ; toutefois ces appelés devront souffrir le concours des appelés qui ayant été conçus depuis la nouvelle loi ne pourraient jouir du bénéfice de la disposition s'ils étaient seuls.

DES MAJORATS.

Napoléon, après s'être fait proclamer empereur, voulant constituer des familles puissantes pour s'en faire un appui, créa les majorats.

Ils furent créés par un sénatus-consulte du 14 août 1806, et un décret du 1er mars 1808.

Le sénatus-consulte du 14 août 1806 est ainsi conçu : « L'Empereur pourra, toutes les fois qu'il le jugera convenable, soit pour récompenser de grands services, soit pour exciter une utile émulation, soit pour concourir à l'éclat de la couronne, autoriser un chef de famille à substituer ses biens libres, pour former la dotation d'un titre héréditaire que l'Empereur érigerait en sa faveur, reversible à son fils aîné né ou à naître et à ses descendants en ligne directe de mâle en mâle par ordre de primogéniture. »

Les majorats créés en vertu de ce sénatus-consulte prirent le nom de majorats *sur demande*, pour les distinguer des majorats de *propre mouvement* que l'Empereur créa par le décret du 1er mars 1808, et qui consistaient en une dotation tirée du domaine extraordinaire de l'Etat.

Ne pouvaient faire partie de la dotation que les immeubles entièrement libres et les actions de la banque de France dûment immobilisées.

Les biens ainsi constitués devenaient imprescriptibles et inaliénables.

Après avoir vu en quoi consistent les majorats, j'arrive aux lois des 12 mai 1835 et 7 mai 1849 dont j'ai spécialement à m'occuper.

La loi du 12 mai 1835 défend pour l'avenir la création de nouveaux majorats; et, en ce qui concerne les majorats sur demande, les réduit à deux degrés de restitution, l'institution non comprise.

Elle permet, en outre, au fondateur d'un majorat de le révoquer en tout ou en partie, ou d'en modifier les conditions; mais cette faculté lui est refusée, s'il existe un appelé qui ait contracté antérieurement à la présente loi un mariage non dissous, ou dont il soit resté des enfants.

Quant aux majorats de propre mouvement, elle déclare qu'ils continueront à être possédés et transmis conformément aux actes d'investiture.

Cette dernière décision a sa raison d'être en ce que le législateur ne pouvait retirer les biens aux concessionnaires sans léser des droits acquis, troubler des intérêts privés et des arrangements de famille; il ne pouvait pas non plus déclarer les biens concédés libres entre les mains de leurs détenteurs sans léser les droits de l'Etat à qui doivent retourner ces biens.

La loi de 1849 défend aussi pour l'avenir la création des majorats. Elle décide, en outre, que les biens du majorat deviendront libres entre les mains du titulaire actuel s'il n'existe aucun appelé; mais respectant les droits acquis, elle déclare que les appelés, nés ou conçus au moment de la promulgation de la loi, recueilleront le majorat, pourvu que le majorat n'ait pas encore été transmis à deux degrés successifs, à partir du titulaire.

Comme la loi du 12 mai 1835, elle ne touche point aux majorats de propre mouvement.

En outre des substitutions, j'ai à traiter, savoir :

1° Des exceptions à la règle de l'irrévocabilité des donations entre vifs;

2° De la révocation des testaments et de leur caducité. Je vais m'occuper de ces matières.

DES EXCEPTIONS A LA RÈGLE DE L'IRRÉVOCABILITÉ DES DONATIONS ENTRE VIFS.

Indépendamment de la révocation qui peut s'opérer par l'effet de '. clause de retour (951), le Code admet trois exceptions au principe de l'irrévocabilité des donations entre vifs, savoir :

1° Inexécution des conditions apposées à la donation ;

2° Ingratitude du donataire;

3° Survenance d'enfant au donateur qui n'en avait pas au moment de la donation.

Inexécution des conditions. — Le mot *conditions* ne doit point être pris ici dans son sens juridique; il a été employé comme synonyme du mot *charges.*

Lorsque le donateur a imposé des charges au donataire, qui

ne les exécute pas, il pourra demander la résolution du contrat; mais pourra-t-il, en vertu de l'art. 1184, le maintenir, en demandant que l'autre partie l'exécute ? Je dis non. — En effet, l'intention du donateur, lors du contrat, a été de gratifier le donataire, et celle de ce dernier n'a pas été de se lier envers le donateur, mais de recevoir une libéralité. Le but principal est la libéralité; les charges ne sont qu'un accessoire du contrat; et ce serait dénaturer ce contrat que de l'assimiler à un contrat à titre onéreux. La définition de la donation donnée par le Code vient encore à l'appui de ce que j'avance : Le législateur, sur la proposition du premier consul, a employé le mot *acte* au lieu de celui de *contrat* qui était dans le projet de loi, par ce motif que la donation *n'engendre point d'obligations réciproques;* aussi n'accorde-t-il au donateur qu'un seul droit, le droit de résolution.

La révocation n'a pas lieu de plein droit, c'est-à-dire qu'il faut qu'elle soit demandée devant les tribunaux et prononcée par eux. Les personnes qui pourront faire la demande sont le donateur, ses héritiers et ses créanciers (1166).

L'inexécution des charges étant une condition résolutoire tacite de la donation, la donation se trouve anéantie, non seulement pour l'avenir, mais aussi pour le passé : ainsi, toutes les aliénations consenties par le donataire sont nulles, le donateur reprend les biens libres de toutes charges. — Le donataire devra, de plus, rendre tous les fruits perçus, car il ne doit pas profiter d'un contrat qu'il n'a pas voulu exécuter.

Ingratitude du donataire. — La révocation pour cause d'ingratitude n'a lieu que dans les trois cas suivants : 1° Si le donataire a attenté à la vie du donateur; 2° s'il s'est rendu coupable envers lui de délits, sévices, injures graves; 3° s'il lui refuse des aliments.

Comme il est facile de le voir, la révocation dont il s'agit est une peine prononcée dans le seul intérêt de l'offensé, qui peut pardonner; aussi ne saurait-elle avoir lieu de plein droit.

Le législateur admet non seulement que l'offensé peut pardonner, mais il présume même facilement le pardon; aussi veut-il que la demande en révocation soit introduite dans un bref délai, une année, à partir du moment où le donateur a connu le délit.

La révocation n'ayant pour but que de réparer l'offense faite au donateur, il en devrait résulter que ce n'est que le donateur qui pourrait intenter l'action, et comme les peines sont personnelles, que ce n'est que contre le donataire qu'elle pourrait être intentée : dès lors la mort soit du donateur, soit du donataire, éteindrait l'action. Toutefois, le législateur a permis aux héritiers du donateur de continuer l'action intentée par leur auteur, et de l'intenter eux-mêmes, lorsque le donateur est mort dans l'année du délit.

La révocation pour ingratitude est une peine, elle ne doit frapper que le coupable : c'est pourquoi le législateur maintient tous les droits acquis par les tiers du chef du donataire, jusqu'à la publication de la demande en révocation qui, à cet effet, doit être mentionnée en marge de la transcription de la donation.— Remarquons que si avant cette inscription le donataire a aliéné les biens donnés, il devra être condamné à en restituer la valeur; mais, comme la révocation est toujours facultative, la loi n'en fait remonter les effets à l'égard même du donataire qu'au jour de la demande : ainsi c'est à cette époque que se calculera la valeur des objets aliénés; et c'est à dater de cette époque seulement que le donataire devra restituer les fruits.

Puisqu'il ne s'agit que de frapper un coupable, le législateur ne pouvait autoriser la révocation pour ingratitude de la donation faite en faveur du mariage; car cette mesure aurait atteint non seulement le donataire coupable, mais aussi son conjoint et ses enfants nés ou à naître.

Survenance d'enfant.— Si l'on considère l'intérêt, l'affection que tout homme porte à sa postérité, il est tout naturel de penser qu'une personne qui a fait une donation alors qu'elle n'avait point d'enfant, ne l'aurait pas faite si elle eût prévu qu'elle en aurait un jour.

Partant de cette idée, le législateur révoque de plein droit, par la survenance d'un enfant légitime, même d'un posthume, ou par la légitimation d'un enfant naturel par mariage subséquent s'il est né depuis la donation, toutes les donations, de quelque valeur qu'elles puissent être, à quelque titre qu'elles aient été faites, qu'elles soient mutuelles ou rémunératoires, qu'elles soient faites en faveur du mariage. Il n'excepte que les donations faites par les ascendants aux conjoints, et les donations que les époux se font l'un à l'autre.

La révocation n'aurait pas lieu, si le donateur, lors de la disposition, avait déjà des enfants; car évidemment il préfère des étrangers à son propre sang; mais elle aurait lieu, si l'enfant n'était que conçu; car ce n'est qu'à la naissance que les sentiments de la paternité et de la maternité sont bien connus.

La révocation s'opérant de plein droit par la survenance d'un enfant légitime, remet les choses au même état que si la donation n'eût pas eu lieu.— Ainsi lors même que le donataire serait envoyé en possession des biens donnés, ou qu'il y aurait été laissé depuis la survenance d'enfant, il ne serait pas propriétaire de ces biens; mais il fera les fruits siens tant que la naissance de l'enfant ou sa légitimation par mariage subséquent ne lui aura pas été notifiée, car le législateur présume qu'il est de bonne foi.

Une autre conséquence de cette révocation est que les biens rentrent entre les mains du donateur francs et quittes de toutes charges créées du chef du donataire. Ces biens ne sont même pas affectés subsidiairement, comme dans le cas de retour conventionnel, à la restitution de la dot de la femme, de ses reprises et autres conventions matrimoniales, quand bien même le donataire aurait déclaré se porter caution de l'exécution du contrat de mariage.

Il résulte enfin de cette révocation que la donation ne saurait revivre par la mort de l'enfant, ni par aucun acte confirmatif : la donation a cessé d'être ; pour la faire revivre il faut un acte nouveau.

Le donateur ne peut pas renoncer à l'avance au droit de révocation qui lui est conféré par la loi ; car les sentiments de la paternité et de la maternité ne sont bien connus qu'à la naissance de l'enfant. D'ailleurs, sans cette défense formulée par l'article 965, la clause de renonciation deviendrait de style.

Toutefois, les effets de la révocation cessent par la prescription qui a cela de particulier qu'elle ne court que du jour de la naissance du dernier enfant du donateur et non du jour de la révocation. De plus cette prescription est la même pour les tiers acquéreurs que pour le donataire, c'est-à-dire qu'elle a lieu par le laps de temps de trente ans au lieu de dix ou vingt. Ces dispositions exorbitantes du droit commun ne s'expliquent que par la faveur de la loi pour les enfants.

DE LA RÉVOCATION ET DE LA CADUCITÉ DES TESTAMENTS.

Un testament valable *a priori* peut être révoqué par suite d'un changement de volonté chez le testateur.

Il peut aussi rester sans effet par suite d'événements indépendants de la volonté du testateur, auquel cas il est caduc.

Enfin, la révocation d'un testament peut encore résulter du fait du légataire.

Révocation par le fait du testateur. — La révocation par suite d'un changement de volonté chez le testateur est expresse ou tacite.

La révocation expresse doit résulter d'un testament postérieur ou, à défaut de testament, d'un acte devant notaire, passé en la forme ordinaire. Le testament qui révoque doit être valablement fait; c'est la chose essentielle : il importe peu qu'il reste sans exécution par l'incapacité soit de l'héritier institué, soit du légataire, ou par leur refus de recueillir.

La révocation tacite résulte de faits que la loi détermine et limite. Ces faits sont :

1° *La confection d'un nouveau testament, contenant des dispositions contraires ou incompatibles avec celles contenues dans le premier.* La confection d'un nouveau testament ne suffirait pas, comme en droit romain, pour révoquer le premier; car chez nous un testament peut ne comprendre qu'une partie des biens, et le même testateur peut avoir, par conséquent, plusieurs testaments. Pour que les premières dispositions soient annulées, il faut qu'elles soient incompatibles avec les nouvelles, ou qu'elles leur soient contraires ;

2° *L'aliénation postérieure de la chose léguée.* — De ce que le testateur aliène la chose léguée, il ne s'ensuit pas qu'il ait l'intention de révoquer le legs ; mais, voulant couper court aux procès, la loi a posé en principe que toute aliénation fait présumer la révocation du legs, et elle n'admet pas de preuves contraires.

Une aliénation quelconque suffit pour révoquer. Ainsi, ni la faculté de rachat réservée dans une vente, ni la subrogation réelle produite par un échange, n'empêcheront l'application du principe. Une aliénation même nulle emporterait révocation, et cette révocation subsisterait lors même que le testateur aurait recouvré les biens. Il n'est même pas nécessaire que la chose léguée soit aliénée en totalité, l'aliénation d'une partie suffit.

Remarquons que la révocation par suite d'aliénation de la chose léguée n'a trait qu'aux legs à titre particulier, et qu'elle n'est point applicable aux legs qui ont pour objet l'universalité ou une partie de l'universalité des biens.

Caducité des testaments. — La loi reconnaît quatre causes de caducité : 1° Prédécès de l'institué ; 2° perte de la chose léguée ; 3° refus de l'institué ; 4° incapacité de l'institué.

La disposition testamentaire est faite *intuitu personæ*, elle est essentiellement personnelle, et, par conséquent, ne peut s'ouvrir que dans la personne du légataire ; le legs sera donc caduc si le légataire est décédé lors de l'ouverture du legs, c'est-à-dire lors de la mort du testateur. Remarquons que, dans le cas de legs conditionnel, il ne suffirait pas que le légataire fût vivant lors de la mort du testateur ; il devra, pour pouvoir recueillir, exister au moment où la condition se réalisera. Il n'en est pas de même dans le cas d'un legs à terme : il est ouvert, acquis et transmissible dès l'instant de la mort du testateur, car le terme ne fait que suspendre l'exigibilité. Il importe donc de distinguer le legs à terme du legs conditionnel, ce qui souvent sera difficile. Il faudra dans cette matière s'attacher surtout à l'intention du testateur.

Si la chose léguée vient à périr pendant la vie du testateur, et peu importe que ce soit ou non par sa faute, il est évident que en l'absence d'objet le droit ne saurait s'ouvrir. Si l'objet périt par cas fortuit après la mort du testateur, le résultat en général sera le même ; mais ici, à vrai dire, il n'y a pas caducité ; le droit a été ouvert.

Il est de principe que toute personne peut renoncer à un droit : le légataire qui se trouve investi d'un droit sans aucun acte de sa volonté peut donc y renoncer, et, dans ce cas, il y aura encore caducité.

La loi cite un dernier cas de caducité : *l'incapacité de l'institué* ; mais cette disposition est inutile aujourd'hui que l'étranger peut succéder en France, car il est probable qu'elle avait trait au cas où un légataire qui était Français lors de la confection du testament avait cessé de l'être lors de la mort du testateur.

La caducité d'un legs, lorsqu'elle provient d'une cause autre que la perte de la chose léguée, doit, en principe, profiter à ceux à qui elle aurait nui si elle eût produit son effet. Le plus souvent ce sera donc la personne chargée d'acquitter la libéralité qui retirera ce profit, c'est-à-dire tantôt le légataire universel, tantôt le légataire à titre universel, tantôt enfin l'héritier ab intestat, et quelquefois même le légataire particulier; mais ce bénéfice peut aussi, selon la volonté du testateur, passer à d'autres personnes : c'est ce qui arriverait dans le cas de substitution vulgaire, et dans le cas où plusieurs auraient été appelés conjointement à la même chose. J'ai traité de la substitution vulgaire dans la première partie de mon travail, je ne m'en occuperai plus : l'important ici est de savoir quand le législateur attribue le profit de la caducité aux colégataires, droit qu'il nomme improprement *droit d'accroissement*.

En droit romain, il y avait lieu à accroissement entre colégataires lorsqu'ils étaient conjoints *re et verbis* ou *re tantum*, et il n'y avait pas lieu à accroissement lorsqu'ils n'étaient conjoints que *verbis tantum*. Le législateur français s'est écarté de cette théorie. Il admet bien qu'il n'y aura pas accroissement lorsque les légataires sont conjoints *verbis tantum*, et qu'il y a lieu à accroissement lorsqu'ils sont conjoints *re et verbis;* mais dans le cas où ils sont conjoints *re tantum*, il n'admet l'accroissement que si la chose léguée peut être divisée sans détérioration. Cette modification est assez bizarre, mais elle résulte des articles 1044 et 1045.

Remarquons que les dispositions des art. 1044 et 1045 n'ont trait qu'aux legs particuliers, et qu'elles sont étrangères aux legs universels et à titre universel.

Révocation par le fait du légataire. — En principe, les dispositions testamentaires deviennent irrévocables par la mort du testateur ; toutefois, la loi a permis d'en faire prononcer la révocation dans certains cas où elle a pensé que le testateur les eût révoquées lui-même. Ces cas limités par le Code sont au nombre de quatre : 1° inexécution des charges par le légataire ; 2° attentat du légataire à la vie du testateur ; 3° délits, sévices ou injures graves de la part du légataire envers son bienfaiteur ; 4° injure grave du légataire envers la mémoire du testateur.

Le législateur nous dit que lorsque l'action est fondée sur une injure grave, elle devra être intentée dans l'année du délit ; mais il ne nous dit pas quelle sera la durée de l'action pour les trois autres cas. Je conclus de ce silence qu'ils restent sous l'empire du droit commun. Ainsi, dans le cas d'inexécution des charges, l'action durera trente ans, et dans celui de crime ou délit, autant que l'action publique.

QUESTIONS.

DROIT ROMAIN.

I. Les enfants nés de femmes esclaves, postérieurement à l'adition d'hérédité et avant la restitution du fidéicommis de l'hérédité, n'entrent point dans cette restitution, à moins qu'ils ne soient nés depuis la mise en demeure du fiduciaire.

II. La loi Catonienne est-elle applicable aux fidéicommis sous Justinien ? — Oui.

III. Dans le fidéicommis *de eo quod ex hereditate supererit*, l'excédant des fruits sur les dépenses n'est pas compris dans la restitution, sauf clause contraire.

DROIT FRANÇAIS.

I. Le donateur peut-il, par une convention postérieure, faire remise au donataire de la charge de restituer ? — Non.

II. Le grevé peut-il être déclaré déchu pour abus de jouissance? — Non.

III. Les mots : *au premier degré seulement* de l'art. 1048 doivent-ils s'entendre du degré de parenté ou du degré de fait?— Ils doivent s'entendre du degré de parenté.

IV. Les appelés qui acceptent purement et simplement la succession du grevé peuvent-ils évincer les tiers-acquéreurs? — Non.

V. La déchéance dont parle l'art. 1057, est-elle impérative, absolue? — Oui.

VI. Dans le cas de l'art. 1049, si le disposant vient à avoir des enfants, et que ces enfants meurent avant leur père, la disposition restera-t-elle valable? — Non.

VII. La révocation d'un testament consignée dans un acte sous seing privé, écrit, daté et signé par le testateur, est-elle valable, quoique cet acte ne contienne aucune attribution de biens? — Oui.

VIII. Un acte public nul comme testament, vaut-il comme acte de révocation s'il réunit les formalités prescrites pour la validité d'une révocation par acte notarié, s'il contient d'ailleurs révocation expresse? — Oui.

IX. La perte de la chose léguée depuis la mort du testateur sans le fait et la faute de l'héritier, constitue-t-elle un cas de caducité, comme l'indique l'art. 1042 ? — Non.

Vu par le Président de la thèse,
ORTOLAN.

Vu par le Doyen,
C.-A. PELLAT.

www.ingramcontent.com/pod-product-compliance
Lightning Source LLC
LaVergne TN
LVHW010442060726
842527LV00005B/1654